Djéneba Barry

Le Destin, que nous réserve le destin ?

Djéneba Barry

Le Destin, que nous réserve le destin ?

Crise politico-sécuritaire dans le cercle de Ténenkou, en région de Mopti, république du Mali

Éditions Muse

Imprint

Cover image: www.ingimage.com

Publisher:
Éditions Muse
is a trademark of
International Book Market Service Ltd., member of OmniScriptum Publishing Group
17 Meldrum Street, Beau Bassin 71504, Mauritius

Printed at: see last page
ISBN: 978-620-2-29368-6

République du Mali

Un Peuple-Un But-Une Foi

Le Destin, que nous réserve le destin ?

Crise politico-sécuritaire dans le cercle de Ténenkou, en région de Mopti, république du Mali

TINDE Djénéba BARRY

Préambule

Cet ouvrage permettra aux générations futures de savoir le passé de leur cercle, Ténenkou voir même le Macina, ancienne zone d'emprise de la Dina de Sékou Amadou. L'édition de cet ouvrage a été motivée suite à l'aggravation de la situation sociale dans le cercle de Ténenkou, considéré comme le berceau de l'empire Peulh du Macina. Autrefois, appelé le grand eldorado du delta central du Niger, l'emprise du Macina est une vaste zone agro écologique bénéficiant des retombées du fleuve Niger et ses principaux bras le Diaka et le Baní, très propices à l'agriculture, à l'élevage, à la pêche, à l'exploitation de bois, au commerce, à l'artisanat, à la chasse, à la cueillette, etc. Trois classes sociales se distinguent : les nobles, les castres et les esclaves. Chaque classe comporte des ethnies distinctes et vivaient en parfaite symbiose. La zone perpétue des événements culturels d'importance dont certains furent classés patrimoines immatériels de l'UNESCO, notamment la traversée des animaux à Diafarabé, le Longal Ténéma (course des pirogues), le pèlerinage sur la tombe de Sékou Salla à Ouro Boubou, la célébration de la naissance du Prophète Mohamed à Dia, etc. La religion est l'islam modérée et quelques chasseurs animistes.

Le mode de gouvernance fut celui légué par le leader religieux Sékou Amadou, qui fut le dernier empereur et qui avait instauré la religion musulmane et la charia. Ce mode de gouvernance faisait apparaitre la prédominance de la classe des notables sur les autres classes et dont les peulhs en tête de file mais aussi propriétaires de tous les domaines fonciers. Les peulhs s'occupent de la chefferie, de l'imamat et de la justice. A ce titre, les peulhs nomment les chefs de village, les imams et délèguent des pouvoirs sur la gestion du foncier. Beaucoup de limites apparurent et provoquèrent des mésententes et des conflits intra et intercommunautaires et ethniques.

La première imposture était liée au choix des sous ethnies peulhs pour ces hautes fonctions sociales parmi les peulhs originaires de

Diafarabé (Dia), Ouro Modi, Ouro Guiya, Saré Seyni, Dialloubé, Attara, et Ata. Des conflits de positionnement inter et intra ethniques naissent autour de la succession.

La seconde imposture était venue suite à l'apparition de cadres intellectuels dans les classes des castres et des esclaves qui trouvaient ce mode de gouvernance injuste, inéquitable et défavorable à la promotion humaine et au développement. La contestation continuait jusqu'en 1960 date de l'indépendance du Mali. Les toutes premières politiques de la nouvelle république du Mali visaient la nationalisation de tous les domaines fonciers au nom de l'intérêt général.

Durant la période coloniale, les affaires de Ténenkou étaient réglées à Ké-Macina où siégeait le colonisateur responsable de l'administration de la zone d'emprise du Macina. Cette dépendance était perçue comme un manque de respect et d'estime à l'empire peul et à la religion musulmane. Malgré les agissements sociaux et politiques, Ténenkou était resté sous l'autorité de Ké-Macina jusqu'en 1959. La colonisation a entrainé un bouleversement social très important avec l'arrivée des premiers cadres intellectuels prioritairement issus de la basse classe et un début d'acculturation illustré à travers les comportements vestimentaires ; les idéaux révolutionnaires et progressistes ; la naissance des courants politiques et enfin l'installation de la religion chrétienne.

La troisième imposture était venue avec l'avènement du pluralisme politique et la démocratie après la révolte populaire de Mars 1991, qui a vu naitre un mode de gouvernance par les élus du peuple. Ce mode de gouvernance n'a pas fait bon ménage avec les coutumes d'une part, d'autre part les comportementaux de la société qui aspire à plus de liberté. Le cercle de Ténenkou avait été secoué par les effets de la rébellion de 1991, et a enregistré en juillet 1994 une attaque des rebelles soldée par plusieurs morts et des dégâts matériels importants. En plus de ces actes, ce fut le soulèvement de la population contre certains fonctionnaires et élus des collectivités territoriales pour des cas de détournements et d'oppression de la population.

La quatrième imposture est survenue suite à la dégradation des mœurs, des coutumes et des actes d'apostasie qui ont occasionné l'éruption des groupes jihadistes dans le pays en 2013 pour corriger les comportements sociaux et sont appuyés par des groupes rebelles qui revendiquaient la scission du pays depuis 1960. Les jihadistes ont d'abord fait dérouter les forces de défense et de sécurité avant de s'attaquer aux dirigeants véreux et aux propulseurs des actes d'apostasie.

Cet ouvrage a un seul objectif, celui d'informer les générations futures sur le passé du cercle de Ténenekou pour que ces générations futures ne commettent pas dans les mêmes erreurs de leurs devanciers. L'ouvrage n'a pas une prétention de ternir l'image d'aucune personne, ni d'aucune communauté, au contraire, cet ouvrage renforce les pensées et aide les populations à corriger leur comportement individuel et collectif.

Résumé

Les événements sociaux douloureux sont toujours issus de la mauvaise gouvernance telles furent les conclusions et les prédications de plusieurs illustres écrivains et guides spirituels. La prise de la Bastille en France, la révolte des Bobos au Mali, la révolte des cheminots, la révolution malienne de 1991 sont des illustrations de la mauvaise gouvernance.

Le cercle de Ténenkou situé en plein cœur du delta intérieur du Niger est limité par les cercles de Mopti, Djenné, Youwarou, Ké-Macina, Niono, Niafunké et sert de plaque tournante pour la commercialisation du poisson et surtout du bétail que les pays voisins venaient chercher. Les activités agricoles et commerciales florissaient et contribuent à la création d'emploi et l'autosuffisance alimentaire et nutritionnelle. La religion musulmane était pratiquée par plus de 99,8% de la population faisant de Ténenkou peut être la ville la plus islamisée dans la boucle du Niger. Des grands érudits du coran vivaient et vivent là et font la pratique de la religion tolérante, celle de l'apaisement et la pacification de la vie en société, où chaque individu apprenait d'abord la religion dans sa famille avant celle de la rue, où les ainés avaient une mission d'éducation des cadets, où les femmes obéissaient à leur mari, où les chefs religieux étaient écoutés, respectables et respectueux, où le cousinage remportait sur l'animosité.

Mais l'arbre ne doit pas cacher la forêt, certaines pratiques récentes ne cadrent pas avec celles de la religion musulmane, notamment la vente du lait par les femmes peulhs, la vente du poisson par les femmes bozos et d'autres articles divers vendus par les femmes. Ces activités de commercialisation exigent les femmes à se déplacer de village en village et même souvent à pieds. Certaines sont absentes de leur foyer plus de cinq jours par semaine. Le cercle était réputé par l'apprentissage du coran auprès des maitres coraniques qui encadraient des milliers d'élèves venant d'horizons divers, mais au fil du temps, les nuits lumineuses disparaissent pour donner place à l'émergence des bars et des manifestations de flutes et des théâtres. Les enfants sont envoyés à la bergerie, à la pêche, au champ, au commerce, à l'artisanat jusqu'à ce qu'aujourd'hui moins de 10% de la population ne peuvent pas te réciter plus de cinq sourates du saint coran ; moins de 10% ne peuvent pas faire la différence entre les actes obligatoires et la souna dans la religion

Parmi les désaccords entre les leaders religieux du cercle de Ténenkou et le prédicateur Hamadoun KOUFFA sont entre autres : l'émergence de la danse au rythme de la flute entrainant des occasions de rencontre entre les femmes et les hommes ; la grande liberté et mobilité des femmes, l'accoutrement des femmes qui sont des actes blâmés par la religion musulmane. Pour le prédicateur, le cercle qu'il avait connu avant, où il avait fait une partie de son enfance n'était pas comme cela, et les leaders religieux n'ont pas empêchés l'implantation de tel comportement, car ils ont la lourde mission d'orienter le comportement des hommes de la société vers la reconnaissance et l'adoration de Dieu et son prophète Mohamed.

La crise sociale et sécuritaire du cercle de Ténenkou a des causes profondes et celles immédiates dont j'ai vécu et celles le témoignage des habitants qui y vivaient là avant l'indépendance de la république du Mali.

L'ouvrage comporte quatre parties dont chacune retrace des faits réels :

- La présentation sommaire du cercle de Ténenkou,
- Le mode gouvernance avant les événements de Mars 1991,
- Le mode gouvernance après les événements de Mars 1991,
- Les crises politico sécuritaires dans le cercle de 2012 nos jours
- Propositions pour atténuer les crises sociales et sécuritaires dans le cercle.

Le cercle de Ténenkou, crée depuis 1960 couvre une superficie de km2 et une population estimée à 192 000 habitants (2014), compte six communes qui vivent de l'exploitation Agricole et pratiquent la religion musulmane. La population a su se maitriser durant des décennies voire même des siècles face des comportements des responsables à tous les niveaux.

Le cercle a vécu des bonnes périodes, car s'intéresser à la gestion des affaires publiques n'était pas le souci de bon nombre de la population. La succession de bonne campagne Agricole suffisait de taire les caprices et les aveux des responsables.

Les événements de 2013 ont impacté sur l'économie et les activités culturelles et religieuses dans le cercle et amplifié les conflits entre éleveurs et agriculteurs. De pire carnage jamais connu avant, suivi de vandalisme, de destruction de biens et de fissuration sociale profonde sont devenus le quotidien de la population du cercle de Ténenkou. Des populations fuyant leurs villages pour se réfugier ailleurs et certains resteront pour de bon. Tel est ce qui reste du cercle de Ténenkou.

Biographie de l'auteure

Née en Octobre 1980 à Ténenkou, région de Mopti, République du Mali, Madame TINDE Djénéba BARRY est mariée mère de cinq enfants dont deux jumelles. Son cursus scolaire a été court, après ces études fondamentales à l'école Tahirou CISSE de Ténenkou, elle fréquenta le Lycée Hamadoun Bory DICKO de Sévaré où elle abandonna les études dès sa deuxième pour le mariage.

Curieuse et discrète, la femme peulh opte pour le mariage en aout 1997. Avec son mari, elle a vécu successivement à Boui et Kargué dans la commune d'Ouro Guéou (cercle de Bandiagara), puis à Mopti, Niafunké, Ténenkou, Mopti et Bamako.

Très dévouée et rassembleuse, elle dirigea plusieurs associations féminines à Ténenkou. Comme tout était tracé par le tout puissant, l'auteure toucha le microphone en 1998 pour sa première fois suite à une visite qu'elle et son mari avait rendu à M. Yacouba MAIGA animateur et technicien à la Radio Diaka KENEYELE de Ténenkou.

Puis ce fut un long périple avec son mari à travers les cercles de Bandiagara, Mopti, Niafunké et Ténenkou au cours duquel son ambition pour le microphone fut brisée.

En Août 2016, elle reprend avec le microphone à Bamako lors de son stage de perfectionnement à la Radio Action Impact au quartier Kalaban Coura ACI à Bamako, puis elle fut animatrice de deux émissions à la Radio Maliba FM et Zoom Africa, l'une sur l'évolution des prix des produits agricoles du Mali et l'autre sur la santé.

L'auteure a vécu deux crises sécuritaires à Ténenkou, celle du 1 juillet 1994 où des rebelles avaient attaqué la ville avec un bilan lourd en perte de vie humaine et matérielle et la crise politico sécuritaire de 2012 devenue du jamais vu dans l'histoire du Mali.

Pour informer l'opinion nationale et internationale ainsi que les générations futures d'une part et d'autre part apporté sa contribution pour une paix durable à travers tout le pays que l'auteure s'est mise à écrire ce qu'elle avait vécu dans le cercle de Ténenkou.

Oratrice convaincue, elle édicte cet ouvrage avec l'encadrement de plusieurs personnes ressources.

PRESENTATION BREVE DU CERCLE DE TENENKOU

Le cercle de Ténenkou occupe une position centrale dans la région de Mopti au Mali ; couvre une superficie d'une douzaine de mille de kilomètres carrés. Il est limité au Nord par le cercle de Youwarou, au Sud par le cercle de Ké-Macina, à l'Est par les cercles de Mopti et Djenné à l'Ouest par les cercles de Niono (région de Ségou) et Niafunké (région de Tombouctou). Cette position donne au cercle sa légitimité cosmopolite. Son climat est de type sahélien, caractérisé par une pluviométrie irrégulière comprise entre trois cent cinquante à cinq cent millimètres par an et précédée de grands vents violents, une température oscillant entre dix et quarante six degré. La végétation est caractérisée par des arbres et arbustes à petites feuilles avec quelques variations dans les zones périodiquement inondées par les eaux de la crue. Le relief est plat dans l'ensemble et les sols sont constitués de limon, d'argile, de sable et d'humus favorable à la culture du riz et du mil. La présence du fleuve Niger et son confluent le Diaka inondent des innombrables mares, plaines, et bras tertiaires qui constituent les zones de cultures du riz, de pêche, de pâturage, de chasse et de la cueillette et forment ainsi une zone agro écologique d'importance internationale appelée la plaine de Séri, classée Site RAMSAR. Des pistes rurales, des voies fluviales, des réseaux de télécommunications mobiles et fixes constituaient les seuls moyens de communication.

Les populations sont venues d'horizons divers pour former divers cantons. Certains groupes avaient marqué l'histoire à travers leur culture islamique et leur savoir faire culturel. Le dernier empereur fut celui de l'empire peulh qui s'étendait presque dans toute la région de Mopti et une bonne partie de celles des régions de Ségou et Tombouctou. Durant le règne de l'empire, la culture musulmane et la justice était rendue selon la charia édictée par le coran. La gestion du domaine et des ressources naturelles relevait des vœux de l'empereur. La dime était payée à l'empereur pour faciliter le fonctionnement de l'empire. La population est composée d'ethnies peulhs, bozos, somonos, bambaras, bellas, sonrhaïs, markas, dogons, etc. La population connait un taux de croissance accélérée avec plus de femmes que d'hommes et la majorité est jeune. Les liens sociaux sont renforcés d'avantage avec le regroupement de la population dans les tons villageois, les associations, les comités villageois, les coopératives, les groupements d'intérêts économiques, les partis politiques. Plus de trois quart de la population est analphabète et avec une préférence pour la culture islamique et l'apprentissage du coran. Les mouvements de la population sont traditionnels à la recherche des pâturages et des pêcheries. Très attaché à leur culture islamique, le cercle perpétue avec certains événements annuels locaux dont les importants sont le Longal ténéma qui est une très grande course des pirogues et la traversée des animaux marquant le retour de la transhumance reconnu patrimoine immatériel de l'UNESCO. Cependant, la vieille barrière entre les nobles, les castes et les esclaves a disparu au profit de la fortune qui catégorise la population en riche, pauvre et très pauvre.

Erigé en cercle à la veille de l'indépendance du Mali, le cercle compte six arrondissements (Ténenkou central, Diafarabé, Sossobé, Diondiori, Togueré Coumbé, Dioura) et dix communes dont une urbaine (Ténenkou) et neuf rurales (Diafarabé, Diaka, Ouro Guiré, Ouro Ardo, Diondiori, Togoro Kotiya, Togueré Coumbé, Sougoulbé et Karéri). Les services techniques locaux sont presque tous sur place et sont chargés chacun à ce qui le concerne de l'exécution de la politique nationale mais aussi on note la présence de certains partenaires techniques et financiers.

L'économie est essentiellement basée aux activités agricoles spécifiquement la culture du riz, du mil, de la pêche, de l'élevage, de la chasse, de l'exploitation forestière, le transport, l'artisanat et le commerce. Ces activités constituent les secteurs pourvoyeurs d'emplois avec une prédominance des femmes et des jeunes évoluant dans l'informel. Malgré l'enclavement, le cercle constitue un carrefour d'échanges commerciaux et comptait six foires hebdomadaires localisées à Diafarabé (lundi), Diondiori (mardi), Ténenkou (jeudi), Guélédié (jeudi), Togueré (samedi) et Doungoura (dimanche) fréquentés par plusieurs localités du pays (Mopti, Youwarou, Ségou, Konobougou, Niono, Macina et Bamako) et des pays voisins (Ghana, Burkina Faso, la Côte d'Ivoire, la Mauritanie) à la recherche du poisson et du bétail. Le transport des personnes et des biens est assuré par des pirogues, des pinasses, des charrettes à traction asine, des véhicules remorques. L'artisanat est une activité secondaire mais florissante grâce aux produits de la bijouterie, la poterie, la vannerie, la menuiserie, la tresse, les matériels aratoires.

Le cercle recèle d'importants potentiels hydro agricoles, des valeurs culturelles et artisanales très diversifiés, mais très sous valorisés constituant un ralentisseur du développement local. Les principales contraintes au développement du cercle sont liées à la baisse de la production agricole, l'analphabétisme, le problème foncier, l'enclavement, la faible organisation des producteurs, l'obstruction des pistes et gites pastorales, le comblement des cours d'eau, l'avancée du désert, l'exploitation abusive des arbres, l'insuffisance des précipitations et des crues.

MODE DE GOUVERNANCE AVANT LES EVENEMENTS DE MARS 1991

L'indépendance du pays en septembre a lancé la base de la nationalisation des ressources naturelles et l'abolition de l'esclavage. Les règles de gouvernance sont celles instaurées par l'administration républicaine. Les autorités coutumières traditionnelles et religieuses ont été amputées d'une partie de leur pouvoir et de leurs missions sociales. L'effritement de l'autorité de l'Etat a été accéléré par le comportement des responsables et des effets du changement climatique.

Le sahel est caractérisé par des sécheresses cycliques et une fragilité des facteurs de production agricole ainsi que leur incidence sur la cohésion sociale, la sécurité alimentaire. Les effets cumulés de la sécheresse dans le sahel ont entrainé la réduction des zones de pâturage, d'agriculture, de pêche et d'exploitation forestière qui constituent les principales activités économiques des populations et ses conséquences de famine et de grande mobilité de la population.

La fréquence de la sécheresse, la mauvaise gouvernance, l'impunité, le comportement des représentants de l'Etat, des Collectivités territoriales, des organisations socioprofessionnelles, les responsables à tous les niveaux, administratif et religieux à un certain moment de l'évolution de la vie du cercle étaient impliqués dans des manœuvres malsaines qui ont abouti à une défiance sociale.

- **Justice** :

La justice était toujours en faveur du plus offrant et les jugements sont toujours repris avec l'affectation d'un nouveau juge. La justice était le service le plus décrié par la population surtout qu'une bonne partie des affaires avaient un fond civil se rapportant aux droits coutumiers sur les pâturages, les pêcheries, les terres agricoles. Les affaires criminelles étaient toujours liées à l'insatisfaction des jugements rendus sur le foncier où les perdants pensaient faire leur propre jugement. Cependant, le cercle avait connu des crimes abominables nés de la divagation des animaux dans les champs de culture de mil et de riz, de l'homicide, de rituel. L'engorgement de la prison de Ténenkou par des condamnés mais aussi des présumés ignorants les raisons de leur détention et le jour de leur jugement avec l'insuffisance et l'absence de personnel devant siéger lors de l'audience augmente la hantise de la population à sa justice. Les nanties personnes non déclaré criminelles bénéficiant de la liberté provisoire leur permettant de mener une vie active et productive.

➢ **Force de Sécurité** :

Les gendarmes extorquaient la population en plein jour aux yeux de tout le monde au niveau des pistes d'accès des villes et les foires hebdomadaires. Lors des auditions et des gardes à vue, certaines personnes affirmaient être dépossédées de leur bien qu'elles avaient, d'autres étaient violentées, d'autres payaient de l'argent pour être libres et ou étouffer toute trace de leur culpabilité. La population n'en croyait plus à sa sécurité assurée par les gendarmes. Les gardes étaient au contraire bien appréciés par la population qui trouvait que leur agissement était légal et agissait au nom d'une instruction donnée et non pour leur propre intérêt. Les agents forestiers encourageaient l'infraction au détriment de la sensibilisation, de l'éducation et de la communication. Les transactions infligées dépassaient des fois les fourchettes légales, personne n'était pas épargné des sanctions selon les sources concordantes. Selon les ditons, certains agents forestiers provoquaient des feux de brousse et incriminaient les villages voisins. Certains agents de sécurité véreux se déguisaient en agent forestier et arnaquaient la population. Les forestiers étaient appuyés par des guides qui agissaient au nom du service et souvent violemment. Les forestiers étaient très mal perçus par la population surtout les peulhs, les bellas, les bozos, les touaregs, les bambaras et malheureusement ces ethnies constituent plus de 80% de la population du cercle.

➢ **Santé :**

L'aire sanitaire était composée de six dispensaires d'arrondissement et le centre de santé du cercle. Les soins étaient gratuits pour les indigènes et les scolaires et partiellement payant pour le reste de la population. Les agents de la santé étaient enviés par la population car très dévoués et assidues au travail, cependant certains agents véreux demandaient à certains indigènes des promesses pour être bénéficiaires des programmes d'appui d'urgence que de servir son peuple.

➢ **Education :**

Sur le plan éducatif, l'enseignement classique fut introduit dans le cercle avant l'indépendance du pays. Suite à la reforme de l'éducation en 1962, l'éducation classique a connu un essor. Les élèves et étudiants originaires issus des écoles du cercle de Ténenkou étaient parmi les meilleurs de leur établissement et accédaient à des bourses internationales pour la suite de leur étude supérieure vers le titre de Docteur. Les écoles des chefs lieux d'arrondissement étaient plus fréquentées que celles des villages et avec une proportion plus élevée de garçon que de fille malgré les efforts des partenaires technique et financier pour promouvoir l'éducation de masse des filles en les accordant des avantages et des cadeaux. Cependant, les peulhs étaient encore retissant à l'envoi et au maintien de leurs enfants à l'école non seulement les filles mais aussi les garçons bien que l'éducation était gratuite et obligatoire. Certains directeurs d'école recevaient des parents d'élève des avances pour dispenser leur enfant de l'école. Les conditions de vie difficile aidant, certains directeurs s'aventuraient annuellement à cette pratique. Dès lors, les écoles se vident dans les campagnes surtout en milieu peulh et bozo. Des opérations d'assistance aux écoles vulnérables par le programme alimentaire mondiale viennent au secours desdites écoles par l'apport de vivres composées de plusieurs denrées. Les derniers boursiers de Ténenkou à l'extérieur datent des années 1988.

MODE DE GOUVERNANCE APRES LES EVENEMENTS DE MARS 1991

Le cercle de Ténenkou a connu des épisodes cycliques des effets de la rébellion du nord et ses conséquences sur le fonctionnement régulier de l'administration. L'attaque la plus meurtrière de la rébellion touaregs fut celle du 1 juillet 1994 soldée par un bilan de 14 morts dont 13 par des balles perdues et un gendarme qui était le seul a défendre la gendarmerie.

Ce vendredi 1 juillet 1994, à 7 heures, quand les commerçants et autres affaireux s'apprêtaient à embarquer les véhicules en partance vers Togueré Coumbé, Bamako, Ségou, Macina, Niono, Sikasso, et Diafarabé que apparaissait une colonne d'une dizaine de Pick-up occupés par des hommes armés en majorité rouge, turbanés. Les véhicules étaient entrés du côté nord en dépassant un poste de contrôle de la gendarmerie où les agents en faction ont pris la tangente tandis que les gamins les poursuivaient en criant vive le Mali, vive le Mali. Les premiers coups de fusils commencèrent au beau milieu du marché et se propageaient dans tous les sens comme pour dire à la population de la ville de Ténenkou bonjour. Le marché se vida de ce beau monde composé des voyageurs, des accompagnateurs et ceux qui étaient intéressés pour assister au décollage des véhicules forains. Les véhicules des assaillants se dirigeaient vers certains points sensibles de la ville en occurrence la préfecture, la gendarmerie, la garde nationale et la justice. Les coups de fusils raisonnaient des plus belles et entrecoupés de bruits assourdissant des mortiers, des lances roquettes de dernière génération. L'occupation de la ville avait durée deux heures de temps. C'était la désolation totale, certains fuyaient vers la brousse, d'autres en direction de Dia et Diafarabé tandis que les enfants suivaient les assaillants dans leur forfaiture. Une autorité de l'époque selon les sources, dans sa fuite s'est déguisé en paysan en retirant à un cultivateur dans son champ sa daba et son boubou, un des garde a parcouru 45 (quarante cinq) kilomètres à la recherche d'un RAC de communication, d'autres ont préféré porté des pagnes et se déguiser en paysan. L'on avait déploré 14 morts composés d'un gendarme dont le corps avait été retrouvé dans la cours de la gendarmerie et il était le seul qui avait riposté parmi les frères d'armes, une femme et son enfant retrouvés calcinés dans un camion chargé de nattes, un mécanicien de véhicule retrouvé ayant un bol de café dans sa main, un gardien de maison éventré retrouvé aux alentours de la justice, etc, etc. Selon, les sources, à part le gendarme, les autres cas de morts étaient dus à des balles parties. Des dégâts matériels importants ont été enregistrés notamment la destruction de la gendarmerie, de la préfecture, la prison avec la libération des prisonniers, la justice, le camp des gardes, des véhicules de l'Etat emportés et des armes et munitions en stock à la garde et la gendarmerie. Les rebelles selon les différentes sources d'informations plaidaient pour le développement des régions nord Mali bien que d'autres avaient un objectif séparatif.

Petit à petit, la vie renait, les activités reprenaient, chacun vaguait aisément à ses activités, chacun trouvait son compte, certains préféraient appeler cette période 1995-2005 la bombasse. Les marchés et les jours de foire se sont multipliés avec la création de nouveaux sites à Kora, Malimana, Guélédié en plus de ceux qui existaient à Ténenkou, Diondiori, Togueré Coumbé, Diafarabé et Dioura. Tous ces marchés drainaient du monde, certains venaient des localités intérieures du pays et d'autres des républiques sœurs du Burkina Faso, de la Côte d'Ivoire et du Ghana à la recherche de poisson, du bétail et des nattes tandis que les Mauritaniens amenaient des couvertures et des produits divers consommables. Les conditions hydrologiques, pluviométriques étaient améliorées et les productions de céréales, de pâturage, de pêche, forestière avaient connu aussi une amélioration ainsi que les conditions de vie des populations avec un accès amélioré à l'eau potable, la santé, l'éducation, à l'électrification rurale, la communication, la promotion de la femme, de la culture, l'effectivité du fonctionnement des collectivités territoriales.

- **Religion**

Les croyances dans le cercle est la pratique de la religion musulmane par plus de 99% de la population et le 1% pratique le christianisme et l'animisme. Cependant, le cercle est reconnu par sa culture musulmane avec la célébration de la fête de Maouloud à Dia qui draine des milliers de fidèles musulmanes chaque année venant de divers horizons, l'existence des marabouts qui encadrent des centaines d'élèves coraniques. L'arbre ne doit pas cachée la forêt en ce sens que le taux d'alphabétisation coranique sans étude préalable ne doit pas dépasser les 20%. Les personnes se lancent dans la pratique religieuse sans pour autant maitriser le coran, ni bien connaitre la pratique religieuse. La culture domine sur la religion. Les différends entre les populations de Ténenkou et le célèbre Hamadoun KOUFFA tourne autour de deux points selon les sources en 2010 à savoir : (i) l'organisation des manifestations rythmé avec la flute qui est un instrument de musique et (ii) les femmes sur tous fronts.

Selon Hamadoun KOUFFA, la flute est un instrument satanique qui draine des femmes et des hommes sur les mêmes lieux pouvant se solder par l'adultère, et il propose d'amplifier les séances de prêches dans les mosquées, les lieux publics, à tout moment et cela tenir séparer les hommes et les femmes d'une part et d'autre part éduquer, enseigner les hommes et les femmes à tout âge au coran de manière à savoir lire, écrire et pratiquer la religion musulmane. Quant aux femmes, elles doivent s'occuper de l'entretien de leur mari, des enfants mais pas se mettre à la place des hommes pour chercher de la nourriture partout et à tous lieux, se livrer à du commerce de village en village, s'habiller correctement, etc.

- **Collectivités territoriales** :

Avant la décentralisation, le cercle comptait six arrondissements à savoir : Diafarabé, Diondiori, Sossobé, Dioura, Togueré Coumbé et Ténenkou. A la faveur de la décentralisation, le cercle de Ténenkou compte dix communes dont neuf rurales (Diafarabé, Diaka, Ouro Guiré,

Ouro Ardo, Sougoulbé, Diondiori, Togoro Kotya, Kareri et Togueré Coumbé) et une commune urbaine (Ténenkou) et la collectivité cercle. L'arrondissement de Ténénkou fut éclaté en cinq (5) communes qui sont Diaka, Ouro Guiré, Ouro Ardo, Sougoulbé et Ténenkou car chaque groupe ethnique se revendique appartenir à un canton et ne peuvent pas rester toujours sous l'emprise du canton de Ténenkou. Alors c'est le début de la dégringolade sociale. Durant les trois mandats (1999 à 2009), les conseils communaux délibéraient sur toutes les questions d'importance relative au développement socio économique et culturel des collectivités. Contrairement à certains cercles du Mali, les Présidents des organes des collectivités territoriales du cercle de Ténenkou étaient à 90% lettrés car sur onze collectivités seul un (1) ne savait ni lire ni écrire dans aucune des langues nationales ou étrangères. Curieusement, la gestion des affaires publiques par les Maires était plus contestée par la population que celle des Sous préfets, car les impôts, les aides, les domaines fonciers étaient dilapidés aux yeux et au su de tout le monde et sans punition ni de remord. Les Maires infligeaient des amendes à la population, des réalisations surfacturées. La grande déception fut celle de l'appui alimentaire de l'Etat aux dix communes du cercle de Ténenkou en 2011 suite à la mauvaise campagne agricole, au moins chaque commune avait bénéficié plus de 100 tonnes de céréales dont tous les Maires sans exception ont vendu plus de la moitié, pour preuve, ils ont tous été interpellés au pole économique de Mopti même si des sanctions et de remboursement n'ont pas suivis. En 2009, une bonne partie de la population s'était soustraite du paiement de l'impôt. La gestion des affaires publiques par les collectivités territoriales n'est pas restée sans conséquences car en général les élus privilégient ses militants politiques au détriment des autres citoyens tant dans les prises de décision, les emplois à créer et les appuis divers à distribuer.

- **Education :**

Sur le plan éducatif, la reforme de l'éducation en 1994 a permis la création des écoles communautaires, des centres d'alphabétisation professionnelle et voire même des medersas un peu partout dans le cercle. Des comités de gestion composés des représentants des élèves, des parents d'élèves et des enseignements sont misent en place pour la gestion. Au début des travaux, les commissions fonctionnement comme le voulait la population, mais quelque années plus tard, la gestion des vivres était devenue l'affaire du directeur d'école et c'est là qui amplifie la haine envers les enseignants, déjà dans certains villages, ils étaient la proie pour certaines femmes d'une part et d'autre part des géniteurs pour les filles élèves. A côté de tout ca se développe le système de cours privé payant à domicile, dont la finalité actuelle est que seuls les inscris à ces dits cours sont interrogés et suivis en classe. La dérive fut totale, les moyennes sont monnayées et le niveau tombe au plus bas niveau. Les parents décident alors d'orienter leurs enfants vers des centres de métier. En 2011, le cercle de Ténenkou comptait soixante quatre (64) écoles de premier cycle, six (6) écoles de second cycle, un (1) lycée, trois (3) medersas avec un taux de scolarisation de 23% contre un taux de 75% en 2000.

- **Santé** :

Les agents de la santé étaient enviés par la population jusque vers les années 2000 avec la prolifération des centres de santé communautaires. Les dépôts pharmaceutiques des centres de santé communautaires étaient vides, les agents de garde se débrouillaient auprès des pharmacies par terre pour satisfaire les patients et par la suite chaque agent était obligé de constituer son stock de produits qu'il vendait à son prix. C'est à partir de là que commença la défiance des agents de la santé par la population qui trouvait que les prix des produits pharmaceutiques étaient élevés et les soins étaient de mauvaise qualité.

- **Organisation socio professionnelles** :

Sur la question des organisations socio professionnelles, en 2013, le cercle compte 201 sociétés coopératives et plus de mille (1000) associations. Mais à l'analyse, les organisations sont crées de toute pièce pour bénéficier de l'appui des partenaires techniques et financiers. Dans le fond, c'est généralement une ou deux personnes qui s'associent et alignent les noms des membres de leurs familles ou des connaissances et s'arrangent à mettre le dossier de création à jour pour l'obtention du récépissé mais aussi juteux pour l'administration car chaque demandeur de récépissé leur payait Dix mille (10000) FCFA. Les appuis injectés par les partenaires bénéficiaient aux détenteurs de récépissé et cela à occasionner la haine entre les voisins. En 2013, seule la coopérative du périmètre moyen de Dia avait tenu deux sessions de rencontre contre quatre prévues par leurs textes organiques.

➢ **Autorités coutumières** :

La coutume prime sur les textes de la république en matière de gestion des ressources naturelles et cela a été amplifié par l'adoption de la charte pastorale en 2001 et la loi d'orientation agricole en 2006 qui reconnaissent la valeur de la tradition dans la gestion des ressources naturelles notamment les pâturages, les terres agricoles, les eaux publiques et les forêts. L'expression des droits d'usage s'est transformée en véritable droit de propriété et se transmettant de génération en génération sous forme d'héritage. Sous l'emprise de la Dina de Sékou Amadou, certaines familles contrôlaient des milliers d'hectares de pâturage sur lesquelles les troupeaux étrangers paient de dimes aux propriétaires dits coutumiers. Certaines formes d'impôts concernent toutes les autres ressources naturelles. La récupération de ces dûmes commencèrent à causer des conflits d'abord entre les héritiers (coutumiers) et d'autre part entre les coutumiers et les autres usagers desdites ressources naturelles souvent solder par des pertes matérielles en vie humaine. Pour l'instauration de la paix, l'administration mettait à la disposition des coutumiers les forces de sécurité. La limite de cette injonction fut constatée en 2010 lors d u retour précoce des animaux transhumants où les forces de sécurité avaient arrêté et menotté à la corde des centaines de peulhs.

- **Autorités villageoises** :

La gestion des affaires publiques au niveau village commence à se limiter à la décision du chef de village et à son seul profit. Dès lors des contestations s'élèvent entre les villageois. La récente loi de 2006 définissant les procédures de nomination du chef de village et ses conseillers met le feu à la poudre avec l'introduction du Maire dans la validation du choix du chef de village. Plusieurs décisions de nomination sont restées suspendues.

- **Partis politiques :**

L'avènement du multipartisme a réchauffé des tensions qu'avaient laissées les partis politiques PSP et le RDA. Ce que l'on peut dire, le politicien est perçu comme un menteur, sans foi ni religion ayant un seul objectif avoir le pouvoir pour mieux sucer le sang des autres.

- **ONG :**

Certains partenaires ont été applaudis, mais par contre, surtout chargées de la distribution des vivres aux populations vulnérables ont été les plus interpellées à travers les comportements de leurs agents qui se livrent à la vente desdites vivres aux commerçants aux yeux et au su des paisibles bénéficiaires. Cette rancune avait occasionné le lynchage de certains agents par la population.

GOUVERNANCE APRES LA DOUBLE CRISE DE 2012

Née dans un village, grandit dans ce village, mariée dans ce village, donné naissance dans ce village, les corps des ancêtres reposent sous cette terre ; du jour au lendemain, j'ai été obligée de quitter ce village en abandonnant tout pour aller reprendre tout a zéro dans un autre village que je ne connaissais pas à cause des événements très douloureux imposés à mon pays par des narcotrafiquants et des bandits de tout ordre.

La crise politico sécuritaire de 2012 a sombré davantage le cercle de Ténenkou qui était très fragilisé à travers le comportement des autorités administratives, politiques, techniques, civiles sécuritaires. Les premières attaques des rebelles étaient composées des gardes et des gendarmes déserteurs en faction dans le cercle de Ténenkou, puis ce fut le banditisme des jeunes de certains jeunes de Ténenkou.

Certains agents de la santé n'avaient pas d'égard aux patients surtout les femmes en travail, les leaders religieux affichaient leur ambition politique, les élus des collectivités apportaient seulement secours à leurs militants, les maires avaient tous vendu 50% de l'aide d'urgence apportée à la population en 2012, les sous – préfets et préfet portaient assistance aux soi-disant gestionnaires coutumiers des ressources naturelles (terre, eau, pâturage) en mettant à leur disposition des agents de force de sécurité pour extorquer de l'argent à la population, les organisations sociales sont partisanes dans tous les actes qu'elles posent, les aides que l'Etat envoyait à la population étaient vendues au marché y compris même les intrants subventionnés. Par fini, c'était de la merde, personne n'en voulait plus à ce régime qui était entrain d'encourager l'oppression de la population.

C'est dans cette situation désastreuse, que les rebelles composés majoritairement de peau rouge déserteurs de l'armée étaient venus déloger certains sous-préfets et postes de sécurité dans le cercle de Ténenkou par des attaques inopinées et meurtrières. En 2006, les événements survenus à Kidal ont eu peu d'incidence sur la sécurité dans le cercle à l'exception de quelques cas de banditisme sur les tronçons routiers.

Le coup d'Etat perpétré par la junte militaire le 26 Mars 2012 n'a pas passé inaperçu dans le cercle de Ténenkou, toutes les autorités étaient aux qui vivent. En Avril 2012, les rebelles envahirent la ville et leurs cibles étaient la préfecture où ils criblaient les murs de balles, dépouillèrent le Préfet de tous ses biens précieux. Le bilan était des dégâts matériels, trois véhicules et trois motos enlevés. Cependant, ce qui fut inquiétant, ce sont des jeunes du village aux dires des habitants qui avaient enlevés les plaques solaires au niveau de la préfecture et de la justice ainsi que d'autres objets de valeur sous scellés. Certains bandits se déguisaient en rebelles et s'attaquèrent à la population, volèrent les biens en magasins, défoncèrent les portes des boutiques. C'est dans cette éphorie, que ma famille s'était réfugié à Mopti au quartier Bas fond. Dans ce refuge, il y avait une dizaine de famille dont cinq au rez dz chaussée et cinq au premier étage. Au rez de chaussé, les cinq familles partagèrent une seule toilette très dégradée. Mon séjour fut court avec les conditions d'hygiène insalubre et je suis retourné à Ténenkou chez moi.

En 2013, La défaite de l'arme malienne à Konna le 10 Janvier 2013 a crée une psychose à la troupe malienne en faction dans le cercle de Ténenkou. Pour gagner la confiance de la population, les rebelles furent un tour dans le marché de Ténenkou et au Centre de Santé de Référence un jeudi, au moment où le marché craquait. Par la panique, certains commerçants plièrent leurs barrages et prirent la route de Bamako et à leur grande surprise ils furent interceptés par les rebelles en pleine brousse, qui leurs dépouillèrent de leurs téléphones, leurs argents et autres objets de valeur et puis leurs rétrocédèrent en disant si vous fuyez, qui nous aurons à gouverner. La crise est politique et nous n'avons pas besoin de la population civile, venez vaquer à vos affaires et nous sommes là à vous protéger contre les véreux administrateurs.

- **Religieux :**

En 2014, la guerre avait changé d'idéologie avec l'arrivée des civils sous le menton religieux dirigée par Iyad Ag Galy et son complice Hamadoun Kouffa. Les soi-disant religieux délogèrent d'abord les autorités coutumières, les élus des collectivités territoriales, les porteurs d'uniformes, puis instaurent l'interdiction de manifestation lors des mariages, la fermeture des écoles classiques.

En 2015, dite l'année du combat décisif, dans l'histoire de Ténenkou, les tirs de ce jour furent plus intenses et assourdissants que ceux du 1 juillet 1994 qui retentissaient à plus de soixante quinze kilomètres et avaient faits plus de quatorze morts. Les tirs commencèrent à cinq heures du matin sur un gendarme, paix à son âme, et finirent à onze heures. Le bilan était de un mort du côté de l'armée malienne et plusieurs morts su côté des ennemis. Regrettable fut, l'exposition des corps déchiquetés et les enfants soulevèrent les membres et chicotèrent les cadavres pour montrer leur désaccord avec les présumés jihadistes. Des événements meurtriers liés aux crises des actes sans raison et inexplicables qui se produisaient. Et si tu décidais de rester, tu dois tout ignorer, tout accepter et tout laisser, même ta religion, tes coutumes, ton apparence et suivre quelque chose que tu ne connais pas, qui n'ait pas pour toi, incroyable histoire, mais vraie.

Les études de nos enfants étaient gâchées, ils faisaient trois à quatre mois de cours et par finir les écoles étaient fermées jusqu'à nouvel ordre. A l'ouverture les élèves passèrent pour la classe supérieure sans niveau pour laisser la place aux autres avec l'abandon des postes et le manque d'enseignants. Ceux qui avaient des parents ailleurs, envoyèrent leurs enfants pour étudier, et ces enfants redoublèrent et finissaient à être renvoyer par qu'ils n'avaient pas l'expérience ou le niveau, et ce qui n'avaient pas des gens ailleurs leurs enfants n'avaient pas d'autre soit que de devenir bandit, voleur, violeur ou de suivre les malfaiteurs appelé Jihadistes, nos enfants sont devenus drogueurs sans pitié, corrompus et obsédé par l'argent. Une faible fréquentation des foires hebdomadaires exacerbée par suite à l'interdiction de la circulation des motos et des véhicules tout terrain. A cela s'ajoutent le regroupement de la population même lors des funérailles après dix huit heures.

Dans ces villages, les femmes et les jeunes filles sont les plus touchées, nos sœurs et nos filles étaient enlevées, torturées et violées. Une femme n'avait pas le droit de porter des beaux habits, des colliers, des bracelets, des boucles d'oreilles, ni de parler ou marcher avec son fils ou son propre frère dans la rue. Les femmes étaient mariées de force et devenaient la femme de plusieurs hommes, elle devait restée à la maison, voilée tout son corps. Les cérémonies des mariages et des baptêmes étaient interdites.

Quant aux hommes, ils étaient aussi menacés, enlevés et torturés, certaines ne revenaient jamais et finalement c'est la légitime défense que la population organisa. Pire, ceux qui venaient nous aider, volaient. Les jihadistes n'étaient pas la seule menace qui pèse sur nous. Des meurtriers se multiplient dans les communes particulièrement entre paysans cultivateurs bambara et éleveurs peuls ensuite entre Dosso et peuls, encore entre les militaires et les peuls. Comment appelle-t-on ces actes barbares, que dois ton faire maintenant.

La maison était contigüe au service de l'hydraulique qui servait de base pour l'armée malienne. Après le combat décisif, tout le quartier couru vers ma maison pour s'assurer que nous ne sommes pas victimes. En Mai 2015, mon mari fut rappelé par son service à Mopti.

Au moment du départ nous n'avions pas le choix, nous devions tout vendre à bas prix, des moutons de 50 000F à 15 000F, des motos Jakarta à 25 000F, des meubles de la maison tous vendus au bas prix, on ne pouvait apporté que des habits et de l'argent, et de s'enfuir sans avertir ou prévenir avec les risques et les dangers sur la route, pire de ne pas monter sur des mines ou d'être attaquer sur la route ou de prendre le peu d'argent qu'on avait en main. En partant on risquait sa vie, sois tu meurs sur la route soit tu survivras.

Qui a raison et qui a tord ?

Selon, les agresseurs l'Etat a failli à sa mission de bonne gouvernance et du respect de l'éthique et des valeurs sociales et religieuses.

Selon l'Etat, les revendications doivent se faire dans les règles de droit.

En tout état de cause, l'Etat doit revoir sa gouvernance et le respect des valeurs sociales et religieuses et prôné un développement équilibré et accéléré.

RISE SECURITAIRES DANS LES COMMUNES DU CERCLE DE TENENKOU

La crise politico sécuritaire du pays a frappé toutes les dix communes du cercle de Ténenkou, bien qu'elles aient subi différemment. Globalement tous les responsables administratifs et les collectivités territoriales ont été contraints à l'exil et la fermeture des classes dans la presque totalités ses localités.

Crise sécuritaire dans la *Commune de Karéri communément appelée Dioura*

La commune de Dioura, avant les événements de 2012, était une localité ou régnait une cohésion sociale civilisée aimable. Dans le village de Dioura, il existait un poste de gendarmerie, de la douane, et d'autres services mais ces services ont été abandonnés quelques mois avant les événements et ils ne sont pas encore rétablis à présent.

Le 2 avril 2012, les groupes armés font leur première apparition dans cette localité qui fut le début de cette crise politico sécuritaire, précédée d'une mauvaise pluviométrie et des crues sont restées gravées dans la mémoire de la population surtout que l'assistance d'urgence de 8000 tonnes de céréales du gouvernement à l'endroit de la commune de Kareri fut d'abord trainée à Macina à cause de l'insécurité croissante et enfin pillée par les divers groupes armés.

Les étrangers et certains notables ont commencé à abandonner la localité pour se refugier dans coins lointains. En décembre 2012, un groupe islamique lourdement armé apparait à Dioura et fait appel à l'application de la charia pour gouverner les affaires publiques, ce groupe était dirigé par un chef du nom de Hammar. Les premières règles appliquées de la charia sont entre autres le port de la voile par toutes les femmes, l'interdiction de fumer la cigarette, de jouer le football, d'organiser de foule lors des cérémonies de baptême, de mariage mais ils n'ont pas causé d'autres problèmes à la population.

Au fil du temps les groupes armés ont commencé à se multiplier et on enregistrait le mouvement national de libération de l'Azawad (MNLA), le mouvement de l'unicité du jihad en Afrique occidentale (MUJAO), AQMI, ANCARDINE, et le mouvement peul du Macina. La commune était complètement sous l'occupation des groupes armés quand l'armée malienne était à 120 km

Un beau matin de 2013, les groupes armés sont arrivés à Dioura, puis ils se sont divisés en deux groupes, un groupe 's'était dirigé vers Diabaly et l'autre vers Ténenkou. Trois jours après ce fut l'attaque de Konna en janvier 2013, vite repoussé par l'armée française à la demande des autorités civiles de Bamako. Cette intervention de l'armée française a dispersé les forces obscurantistes et le mouvement pour la libération du Macina est resté au centre du pays et se sont confondus à la population civile. Dans la stratégie de ratissage, l'armée malienne avait arrêté certains suspects qui finalement ont été libérés grâce aux interventions des populations locales et de certaines autorités originaires du centre qui accusaient l'armée de s'en prendre aux paisibles citoyens. Ce groupe armé commence a attaqué la population en les accusant d'être des indicateurs pour l'armée malienne créant ainsi la zizanie dans la communauté, les chefs de villages, les imams, les chefs de fractions, les élus, les personnes influentes sont devenus des personnes ciblées par ce groupe armé.

Durant cette période, cette commune a subi de forte perte matérielle, économique et humaine. Un jour un véhicule contenant 25 personnes a été attaqué par les hommes armés non identifiés et tuant tous les occupants et leur jetant dans un puits, deux autres personnes ont été victimes d'une grenade ramassée au bord de la route, des boutiques saccagées et des commerçants ont été ciblées .Les établissements scolaires sont fermés ainsi que les centres de santé communautaires, des femmes sont violées, bref la population était privée de tout leur droit.

La guerre intercommunautaire peulh et bambara à Dioura

Le tout est parti par l'assassinat du troisième adjoint au maire de la commune de Karéri par des malfaiteurs peuls en représailles d'une mésentente entre des bambara agriculteurs et des éleveurs peulhs suite au refus des agriculteurs au campement des animaux aux abords des champs et ce même jour quatre peuls ont été tués pat les bambara et le lendemain 38 peuls furent tués à Malimana à 40 km de Dioura. En résumé pendant cette guerre intercommunautaire dans la commune de Karéri, il y'a plus de 200 tués, des pertes de bétails, des otages, et d'autres biens.

Du fait que les chefs de villages, les imams, les chefs de fraction sont devenus des personnes ciblées par les groupes armés que les populations locales ont crée l'association appelé donson ton. Cette association avait pour but de garder leurs chefs et leurs biens, malgré qu'avant sa création plusieurs animaux ont été enlevés. Lors d'un déplacement des donsons de Sayti vers Diondiori à la recherche de leurs animaux évadés, ils ont attaqué par les peuls et un fut tué.

En 2019, la situation est toujours préoccupante, pas d'école ni de services administratifs avec leur conséquence sur la scolarisation, la malnutrition, la mortalité infantile et maternelle élevé et l accès à l'eau potable et pas de scolarité.

Crise sécuritaire dans la commune de Togueré Coumbé

La commune de Togueré Coumbé composée d'une quarantaine de villages a été plus frappée par les actions des groupes terroristes et des malfrats de tout genre à cause de l'inaccessibilité de la commune en période pluvieuse et des crues. Tout comme le reste du cercle, elle a frappé par l'attaque des rebelles en mars 2012 et des invasions fréquentes avec enlèvement des leaders villageois. Depuis 2009, la commune connaissait une crise de gouvernance née par suite à une mésentente entre quelques fractions de peulh et des bozos qui installaient des canaux de pêche. Chaque partie avait un soutien à la mairie et le différend à persister jusqu'à l'éclatement de la crise politico sécuritaire. La première incursion des rebelles a provoqué le départ de tous les services techniques et de l'administration. Par la suite, des populations mécontentes se sont jointes aux groupes armées mais elles se masquaient par des turbans pour ne pas être identifiées. Certaines populations étaient devenues des indicateurs pour les rebelles et les groupes jihadistes. Pour démanteler cette complicité, certains militaires de l'armée malienne en faction à Ténenkou se sont déguisés en charretiers pendant des mois afin d'identifier les complices. C'est à cet effet, que certaines personnes ont été interpellées et arrêtées, d'autres ont vu leurs maisons brulées car elles servaient de cache pour les groupes.

Au début de la crise, la population épousait la cause des rebelles et de jihadistes qui disaient vouloir libérer la population des abus de pouvoir des autorités. Cette population meurtrie par le comportement de tous les agents administratifs et des collectivités locales souhaitait aussi voir finir leur calvaire avec l'arrivée des rebelles et des jihadistes.

Les attaques des forains se multiplient avec des pillages et des braquages souvent avec des morts. Les foires hebdo commencent à ne pas connaitre son monde et par fini, c'est une paralysie économique.

Au fil du temps, les groupes commencent à dicter des conduites sociales. Elle a connu aussi l'application de la charia par l'obligation du port de la voile par toutes les femmes, l'interdiction de fumer la cigarette, de jouer au football, d'organiser des manifestations regroupant à la fois les hommes et les femmes, l'introduction des prêches dans les mosquées, diriger la prière par des personnes désignées par les jihadistes, l'interdiction des femmes de travailler dans les champs, de ramasser les bois morts, la fermeture de toutes les écoles, l'interdiction de toute forme de récupération d'impôts et de taxes etc.

Les jugements étaient rendus par des cadis et la récupération de la Zakat sur le bétail, les cultures et d'autres fortunes pour soutenir les actions des jihadistes et des groupes rebelles. La commune fut coupée du reste du pays par l'interdiction de tout transport entre la commune et les autres. Le prix du kilogramme de riz a passé de deux cents cinquante (250FCFA) à mille (1000FCFA). Les marchandises qui sortaient ou entraient clandestinement étaient saisies par les groupes jihadistes.

La visite du Premier ministre dans la commune a été négativement ressentie au niveau de la population avec la multiplication des exactions des groupes jihadistes par des tueries massives des personnes, des viols, des enlèvements de personnes et des biens. Le bilan de perte en vie humaine de 2012 à 2019 était évalué à plus de quarante personnes.

Crise sécuritaire dans la commune de Diondiori

Là encore, la situation était catastrophique car la crise politico sécuritaire avait trouvé une crise sociale née de la suite des effets des formations politiques et des élections communales qui avaient vu l'élection d'un religieux à la tête de la commune. La commune de Diondiori perpétué la jihara (anniversaire) de la mort de Sékou Salla, un sain originaire du pays dogon. La commémoration de cet anniversaire était mal perçue par des sunnites de la localité. Mauvais sort aidant, la première mesure prise par les groupes rebelles et jihadistes était l'interdiction de cet événement.

La situation de Diondiori s'est empirée par la complicité de la population avec les jihadistes bandits, qui volent, pillent, extorquent, violent les femmes. Dans la stratégie des groupes, ils s'introduisent chez les personnes influentes ou publiques pendant la nuit avec une proposition à savoir, leur donner toutes les informations des choses qui se passent dans le village ou ils tueront l'intéressé. Avec cette mesure, toutes les personnes influentes des villages sont devenues des informatrices des jihadistes et c'est pour cette raison que l'armée malienne ne parvient pas à combattre les groupes jihadistes. Tous les mouvements de l'armée sont transmis à ces groupes.

Crise sécuritaire dans la commune de Diafarabé

L'avènement de la crise politico sécuritaire a amplifié la crise sociale à Diafarabé bien entendant que chaque peulh a son bozo et chaque bozo à son peulh. La commune de Diafarabé a connu des effets des formations politiques et des élections de proximité même si leur répercussion n'a pas eu assez d'effet négatif sur les relations sociales et économiques. Cependant, le comportement des responsables administratifs et communaux ont provoqué des malaises au sein de la commune. Les groupes jihadistes ont vite trouvé des complicités dans la commune en croire à ceux qui ont été témoins de l'assassinat de l'agent forestier dans son bureau au su et au vu de tout le village en plein jour de foire de Diafarabé. Les assassins ne se sont même pas inquiétés et continuèrent leur chemin. Les agissements des groupes ont été intenses car ils étaient basés dans les forêts voisines et ils opéraient dans les axes menant à Mopti, Macina et Djenné, interdisaient l'ouverture des classes. La forme la plus meurtrière fut l'apparition des donsons dans la crise, car la commune de Diafarabé est reconnue habitat des donzons du cercle. Plusieurs pertes en vie humaine et matérielle ont été enregistrées. Dans leurs agissements, ils ont intercepté un enseignant sur le fleuve parmi ses collègues en partance à Mopti avant de le tuer.

PROPOSITIONS POUR ATTENUER LES CRISES SOCIALES ET SECURITAIRES

Le cercle de Ténenkou out comme l'ensemble du delta central du Niger souffre des memes maux sociaux et économiques dont les propositions de solution sont nombreuses et les meilleures semblent être les suivantes :

➢ **Amélioration de la gouvernance des ressources naturelles** :

La tenure foncière abusive des ressources naturelles par quelques communautés coutumières traditionnelles a été longuement décriée et désavouée par les populations locales au su et au vue des autorités administratives, politique et technique, ce qui occasionné une source d'admiration des jihadistes censés libérer la population contre les bévues des autorités coutumières. Pour améliorer la gestion et créée une entente entre les populations locales, l'Etat doit prendre les mesures suivantes :

a) Nationaliser toutes les ressources naturelles ;
b) Faire un schéma d'aménagement des ressources naturelles de l'ensemble du territoire ;
c) Concéder la gestion des ressources naturelles à une durée déterminée à des personnes physique et morale suivant un contrat et un cahier de charge ;
d) Evaluation triennale de l'état d'exécution des ressources naturelles concédées.

➢ **Amélioration du comportement des agents administratifs**

Les agents de l'administration et ceux des collectivités territoriales dans leur majorité ont violé leur contrat avec l'Etat et les Collectivités celui de servir en toute honnêteté et respecter et faire respecter les lois et règlements de la république. Pour améliorer le comportement des agents et créer un climat de confiance avec la population, l'Etat doit prendre les mesures suivantes :

a) Créer une commission communale de réception des plaintes de la population et de dénonciation du comportement des agents administratifs ;
b) Appliquer les sanctions disciplinaires en matière de travail et la répression des infractions ;
c) Diffuser largement et continuellement les textes de la république ayant un impact direct sur la population rurale ;
d) Améliorer les conditions de travail des agents administratifs ;
e) Promouvoir le développement social et la création d'emploi ;
f) Valoriser le potentiel hydro agricole.

➢ **Amélioration du climat social et la gestion du pouvoir coutumier traditionnel**

La pratique religieuse et l'expansion de l'islam par les sunnites n'ont pas fait bon ménage avec le comportement de la population. La théologie de l'islam a été enseignée et interprétée de plusieurs manières, de sorte que des frères et des voisins ont eu des visions différentes de la religion musulmane. Le cercle de Ténenkou de pratique Malikite tolérante de l'islam, est devenu le théâtre de contestation et de conflit religieux avec l'arrivée des sunnites. Pour pallier à cette contestation, l'Etat et l'association musulmane AMIPI doivent prendre les mesures pour désigner des personnes pour conduire les prières et les prêches.

BESOIN D'ARGENT

L'argent et le pouvoir

Qu'est ce que l'argent ? C'est la clé du monde.

Que cherche le pouvoir ? Il cherche de l'argent

L'argent est à la base de tous les problèmes sociaux du monde entier.

Il est la cause de la séparation de nos grandes familles (du père, des fils, frères, sœurs, maris, femmes, mères, filles) patrons, ouvriers, entre des amis des familles des collaborateurs des voisins les liens de parentés de sangs des collègues de travail entres les services entres les gouvernements et les populations entres les religions

L'argent est la cause de la perte et de l'oublie de nos traditions et coutumes la perte de nos valeurs. Il nous a transformés en monstres, des tueurs, des drogués, des trafiquants de drogues, des menteurs, des lâches, des criminels, sans pitiés ; aujourd'hui les simples remerciements ne suffissent personne ; tout le monde veut de l'argent que de remerciement, le monde d'aujourd'hui est basé sur donnant-donnant, je te fais quelle chose en échange d'une autre chose.

A cause de l'argent les parents ont peur de leurs enfants, les grands frères et sœurs ont aussi peur de leurs petits frères et sœurs, pas de respect sans l'argent.

Que doit-on faire face à ces problèmes ?

Est-ce qu'on doit retourner aux anciennes choses, t'elles que nos traditions et coutumes ?

A qui la faute l'argent. ?

Le destin. Que nous réserve le destin ?

SOMMAIRE

Printed by Books on Demand GmbH, Norderstedt / Germany